dtv

Günter Grass hat sich immer als Verfassungspatriot begriffen. Die leichte Liebe zu ewigen Werten, die auch »national« heißen und sowieso schnell die Fahne wechseln, das ganze dröhnend aufgeblähte Vaterland waren und sind ihm fremd und viel zu dürftig. Sein Patriotismus stützt sich auf die beste Verfassung, die es in Deutschland je gegeben hat: das Grundgesetz. Mit der Einheit 1990 wurde es verletzt. Davon handeln die in diesem Buch gesammelten Reden eines »vaterlandslosen Gesellen«: im Februar des Einheitsjahres in der Evangelischen Akademie Tutzing gehalten oder im Oktober im Reichstag in Berlin vor den Fraktionen der Grünen und Bündnis 90.

Günter Grass wurde am 16. Oktober 1927 in Danzig geboren und lebt in der Nähe von Lübeck. Er erhielt 1999 den Nobelpreis für Literatur.

Günter Grass

Ein Schnäppchen namens DDR

Letzte Reden vorm Glockengeläut

Deutscher Taschenbuch Verlag

Ungekürzte Ausgabe
Oktober 1993
2. Auflage Dezember 1999
Deutscher Taschenbuch Verlag GmbH & Co. KG,
München
© 1993 Steidl Verlag, Göttingen
Erstveröffentlichung: Frankfurt am Main 1990
Umschlagkonzept: Balk & Brumshagen
Umschlaggrafik: Günter Grass
Satz: Ebner Ulm
Druck und Bindung: C. H. Beck'sche Buchdruckerei,
Nördlingen
Gedruckt auf säurefreiem, chlorfrei gebleichtem Papier
Printed in Germany · ISBN 3-423-11825-3

Inhalt

Kurze Rede eines vaterlandslosen Gesellen . . . 7

Der Zug ist abgefahren – aber wohin? 15

Einige Ausblicke vom Platz der Angeschmierten 18

Bericht aus Altdöbern 29

Ein Schnäppchen namens DDR 39

Quellennachweis 61

Kurze Rede
eines vaterlandslosen Gesellen

Als ich kurz vor Weihnachten, von Göttingen kommend, auf dem Hamburger Hauptbahnhof nach Lübeck umsteigen wollte, kam ein junger Mann auf mich zu, stellte mich regelrecht, nannte mich einen Vaterlandsverräter, ließ mich mit diesem nachhallenden Wort stehen, kam, nachdem ich mir einigermaßen gelassen eine Zeitung gekauft hatte, abermals auf mich zu, um nicht etwa leise drohend, vielmehr freiheraus anzukündigen, daß es nun Zeit sei, mit meinesgleichen aufzuräumen.

Nach erstem Ärger, den ich noch auf dem Bahnsteig abzuschütteln verstand, fuhr ich nachdenklich nach Lübeck. »Vaterlandsverräter!« Ein Wort, das, gepaart mit den »vaterlandslosen Gesellen«, zum Sprachschatz deutscher Geschichte gehört. Hatte der junge Mann nicht recht, als aus ihm kalte Wut sprach? Kann mir jenes Vaterland, zu dessen Gunsten mit meinesgleichen aufgeräumt werden soll, nicht gestohlen bleiben?

Es ist so: ich fürchte mich nicht nur vor dem aus zwei Staaten zu einem Staat vereinfachten Deutschland, ich lehne den Einheitsstaat ab und wäre erleichtert, wenn er – sei es durch deutsche Einsicht, sei es durch Einspruch der Nachbarn – nicht zustande käme.

Natürlich ist mir bewußt, daß mein Standpunkt gegenwärtig Widerspruch auslöst, mehr noch, geeignet ist, Aggressionen von der Kette zu lassen, wobei ich nicht nur an den jungen Mann vom Hamburger Hauptbahnhof denke. Viel subtiler macht zur Zeit die *Frankfurter Allgemeine Zeitung* mit Leuten, die sie kategorisch Linksintellektuelle nennen läßt, kurzen Prozeß. Es reicht ihren Herausgebern nicht, daß der Kommunismus bankrott ist, mit ihm soll auch der demokratische Sozialismus, samt Dubčeks Traum vom Sozialismus mit menschlichem Gesicht, am Ende sein. Das hatten Kapitalisten und Kommunisten immer gemein: die vorbeugende Verdammung eines dritten Weges. Deshalb wird jeder Hinweis auf die nunmehr erstrittene Eigenständigkeit der DDR und ihrer Bürger sogleich mit Umsiedlerzahlen verschüttet. Selbstbewußtsein, das sich trotz vierzig Jahre währender Unterdrückung leidend entwickelt und schließlich revolutionär behauptet hat, darf nur kleingedruckt Platz beanspruchen. So soll der Eindruck entstehen, daß in Leipzig und Dresden, in Rostock und Ost-Berlin nicht das Volk der DDR, sondern auf ganzer Linie der westliche Kapitalismus gesiegt hat. Und schon wird Beute gemacht. Kaum hat die eine Ideologie ihren Griff lockern, dann aufgeben müssen, da greift die andere Ideologie wie altgewohnt zu. Notfalls zeigt man die marktwirtschaftlichen Folterinstrumente. Wer nicht spurt, kriegt nix. Nicht mal Bananen.

Nein, ein so unanständig auftrumpfendes, durch Zugriff vergrößertes Vaterland will ich nicht, wenngleich mir, außer einigen Gedanken, nichts zu Gebote steht, solche Spottgeburt zu verhindern. Schon befürchte ich, daß es – unter welchem Tarnnamen auch immer – zwangsläufig zur Wiedervereinigung kommt. Die starke D-Mark wird dafür sorgen; die Springerpresse, nunmehr im Bunde mit Rudolf Augsteins leichtfertigen Montagsepisteln, wird auflagenstark dafür sorgen; und deutsche Vergeßlichkeit wird dem Sorge tragen.

Am Ende werden wir knapp achtzig Millionen zählen. Wir werden wieder einig, stark und – selbst beim Versuch, leise zu sprechen – laut vernehmlich sein. Schließlich – weil genug nie genug ist – wird es uns gelingen, mit bewährt harter D-Mark – und nach Anerkennung der polnischen Westgrenze – ein gut Stück Schlesien, ein Stückchen Pommern wirtschaftlich untertänig zu machen und – nach deutschem Bilderbuchmuster – wieder einmal zum Fürchten und isoliert sein.

Dieses Vaterland verrate ich jetzt schon; mein Vaterland müßte vielfältiger, bunter, nachbarlicher, durch Schaden klüger und europäisch verträglicher sein.

Alptraum steht gegen Traum. Was hindert uns, der Deutschen Demokratischen Republik und ihren Bürgern durch einen gerechten, längst fälligen Lastenausgleich dergestalt zu helfen, daß der Staat sich wirtschaftlich und demokratisch festigen kann und seine Bürger weniger Mühe haben, daheim zu bleiben? Warum muß der deutschen Konföderation, die unseren Nachbarn erträglich sein könnte, immer wieder eins draufgesattelt werden, mal nach vagem Paulskirchenkonzept als Bundesstaat, dann wieder, als müßte das so sein, in Gestalt einer Groß-Bundesrepublik? Ist denn eine deutsche Konföderation nicht mehr, als wir jemals erhoffen konnten? Sind denn umfassende Einheit, größere Staatsfläche, geballte Wirtschaftskraft ein erstrebenswerter Zuwachs? Ist das nicht alles wiederum viel zuviel?

In Reden und Aufsätzen habe ich mich seit Mitte der sechziger Jahre gegen die Wiedervereinigung und für eine Konföderation ausgesprochen. Hier gebe ich abermals Antwort auf die deutsche Frage. Nicht in zehn, in fünf Punkten will ich mich kurzfassen:

Erstens: Eine deutsche Konföderation hebt das Nachkriegsverhältnis der beiden deutschen Staaten von Ausland zu Ausland auf, legt eine nichtswürdige, auch Europa trennende Grenze nieder und nimmt dennoch Rücksicht auf die Besorgnisse oder gar Ängste ihrer Nachbarn, indem sie in verfassungsgebender Versammlung auf die Wiedervereinigung als Einheitsstaat verzichtet.

Zweitens: Eine Konföderation der beiden deutschen Staaten tut weder der nachkriegsgeschichtlichen Entwicklung des einen noch des anderen Staates Gewalt an, sie erlaubt vielmehr Neues: eigenständige Gemeinsamkeit; und sie ist zugleich souverän genug, den jeweils eingegangenen Bündnisverpflichtungen nachzukommen und so dem europäischen Sicherheitskonzept zu entsprechen.

Drittens: Eine Konföderation der beiden deutschen Staaten steht dem europäischen Einigungsprozeß näher als ein übergewichtiger Einheitsstaat, zumal das geeinte Europa ein konföderiertes sein wird und deshalb die herkömmliche Nationalstaatlichkeit überwinden muß.

Viertens: Eine Konföderation der beiden deutschen Staaten geht den Weg eines anderen, wünschenswert neuen Selbstverständnisses. Der deutschen Geschichte gegenüber trägt sie als Kulturnation gemeinsam Verantwortung. Dieses Verständnis von Nation nimmt die gescheiterten Bemühungen der Paulskirchen-Versammlung auf, versteht sich als erweiterter Kulturbegriff unserer Zeit und eint die Vielfalt deutscher Kultur, ohne nationalstaatliche Einheit proklamieren zu müssen.

Und fünftens: Eine Konföderation der beiden deutschen Staaten einer Kulturnation gäbe durch ihre konfliktlösende Existenz Anstoß für die Lösung weltweit unterschiedlicher und dennoch vergleichbarer Konflikte, sei es in Korea, in Irland, auf Zypern und auch im Nahen Osten, überall dort, wo nationalstaatliches Handeln aggressiv Grenzen gesetzt hat oder erweitern will. Die Lösung der deutschen Frage durch Konföderation könnte beispielhaft werden.

Dazu einige Anmerkungen: Den deutschen Einheitsstaat hat es in wechselnder Größe nur knappe fünfundsiebzig Jahre lang gegeben: als Deutsches Reich unter preußischer Vorherrschaft; als von Anbeginn vom Scheitern bedrohte Weimarer Republik; schließlich, bis zur bedingungslosen Kapitulation, als Großdeutsches Reich. Uns sollte bewußt sein, unseren Nachbarn ist bewußt, wieviel Leid dieser Einheitsstaat verursacht, welch Ausmaß Unglück er anderen und uns gebracht hat. Das unter dem Begriff Auschwitz summierte und durch nichts zu relativierende Verbrechen Völkermord lastet auf diesem Einheitsstaat.

Niemals – bis dahin – hatten sich Deutsche während ihrer Geschichte in solch furchterregenden Verruf gebracht. Sie waren nicht besser, nicht schlechter als andere Völker. Komplexgesättigter Größenwahn hat die Deutschen dazu verleitet, ihre Möglichkeit, sich als Kulturnation in einem Bundesstaat zu finden, nicht zu verwirklichen und statt dessen mit aller Gewalt den

Einheitsstaat als Reich zu erzwingen. Er war die früh geschaffene Voraussetzung für Auschwitz. Er wurde latentem, auch anderswo üblichem Antisemitismus zur Machtbasis. Der deutsche Einheitsstaat verhalf der nationalsozialistischen Rassenideologie zu einer entsetzlich tauglichen Grundlage.

An dieser Erkenntnis führt nichts vorbei. Wer gegenwärtig über Deutschland nachdenkt und Antworten auf die deutsche Frage sucht, muß Auschwitz mitdenken. Der Ort des Schreckens, als Beispiel genannt für das bleibende Trauma, schließt einen zukünftigen deutschen Einheitsstaat aus. Sollte er, was zu befürchten bleibt, dennoch ertrotzt werden, wird ihm das Scheitern vorgeschrieben sein.

In Tutzing wurde vor mehr als zwei Jahrzehnten das Wort »Wandel durch Annäherung« geprägt; eine lange umstrittene, schließlich bestätigte Formel. Annäherung gehört mittlerweile zum politischen Alltag. Gewandelt hat sich durch den revolutionären Willen ihres Volkes die Deutsche Demokratische Republik; noch nicht gewandelt hat sich die Bundesrepublik Deutschland, deren Volk den Anstrengungen drüben teils bewundernd, teils herablassend zuschaut: »Wir wollen euch ja nicht dreinreden, aber ...«

Und schon ist Einmischung üblich. Hilfe, wirkliche Hilfe wird nur nach westdeutschen Konditionen gegeben. Eigentum ja, heißt es, aber kein Volkseigentum, bitte. Die westliche Ideologie des Kapitalismus, die jeden anderen ideologischen Ismus ersatzlos gestrichen sehen will, spricht sich wie hinter vorgehaltener Pistole aus: entweder Marktwirtschaft oder ...

Wer hebt da nicht die Hände und ergibt sich den Segnungen des Stärkeren, dessen Unanständigkeit so sichtbar durch Erfolg relativiert wird. Ich fürchte, daß wir Deutschen auch die zweite Möglichkeit der Selbstbestimmung ausschlagen werden. Kulturnation in konföderierter Vielfalt zu sein, ist uns offenbar zuwenig; und »Annäherung durch Wandel« ist – weil nur kostspielig – einfach zuviel verlangt. Doch auf Mark und Pfennig berechnet, wird die deutsche Frage nicht zu beantworten sein.

Was sagte der junge Mann auf dem Hamburger Hauptbahnhof? – Recht hat er. Man zähle mich gegebenenfalls zu den vaterlandslosen Gesellen.

Rede in der Evangelischen Akademie Tutzing am 2. Februar 1990 während des Kongresses »Neue Antworten auf die deutsche Frage«

Der Zug ist abgefahren – aber wohin?

Dieses Bild wird seit Wochen bemüht: der abgefahrene Zug in Richtung deutsche Einheit, den niemand mehr aufhalten könne.

Merkt selbst Rudolf Augstein nicht, daß einem nicht mehr aufzuhaltenden Zug, einem Zug also, den kein Signal mehr stoppen kann, das Zugunglück vorprogrammiert ist?

Wir haben für die Fernsehsendung *Panorama* ein Gespräch geführt, streitbar, aber fair. Nachdem mir der Abdruck meines Tutzinger Beitrags *Kurze Rede eines vaterlandslosen Gesellen* von der »Spiegel«-Redaktion verweigert worden war – er stand dann in der »Zeit« zu lesen –, baten Sie mich, Rudolf Augstein, in Zukunft meine Beiträge direkt an Sie zu schicken. Ich tue das, wenngleich mir dieser Tribut an den Nachhall des »aufgeklärten Despotismus« zuwider ist.

Im Gegensatz zu Ihnen: Karl Jaspers' Thesen aus dem Jahr 1960 sind in ihrer Substanz immer noch richtig. Freiheit steht vor Einheit. Also hat die vom Volk der DDR (und nicht vom Kapitalismus) erkämpfte Freiheit Vorrang; sie beansprucht Respekt und Eigenständigkeit innerhalb der nun möglichen Einigung der Deutschen. Weil Einigung mehrere Wege, auch einen dritten Weg, zuläßt, muß sie nicht, auf Teufel komm raus, Einheit bedeuten. Einigung kann auch in einer Konföderation der beiden deutschen Staaten ihren Ausdruck finden und gleichwohl die Wirtschafts- und Währungsunion, desgleichen eine Staatsangehörigkeit zulassen. Diese Antwort auf die deutsche Frage könnte dem Verlangen nach Einheit genügen und unseren Nachbarn gewiß annehmbarer sein als der 80-Millionen-Einheitsstaat. Zwar ist der Zug abgefahren, doch Bahnhöfe gibt es mehrere.

Ich wiederhole: Die grauenhafte und mit nichts zu vergleichende Erfahrung Auschwitz, die wir und die Völker Europas mit uns gemacht haben, schließt einen deutschen Einheitsstaat aus. Sollte er trotzdem mit nunmehr wirtschaftlicher Macht durchgesetzt werden, wird uns abermals nachbarschaftliches Mißtrauen umgeben und ausgrenzen.

Ich weiß nicht, aus welchen Quellen sich Ihr deutschnationaler Eigensinn speist und so in die hochfahrende Lage versetzt, die nach wie vor bedenkenswerten Thesen eines Karl Jaspers als nur philosophische Dreinrede abzutun, aber mit Sorge sehe ich, wie Sie Ihr Produkt, dieses unverzichtbare Stück demokratischer Streitkultur, »Der Spiegel«, auf regierungsamtliche Linie, das heißt, in Einklang mit »FAZ« und »Bild«-Zeitung bringen. Soll so die deutsche Einheit aussehen?

Zum ersten Mal nach 1945 ist uns Deutschen die Möglichkeit gegeben, aus Erfahrung mit uns selbst, einer Einigung Gestalt zu geben, mit der wir und unsere Nachbarn leben können. Diese Erfahrung lehrt, daß sich die deutsche Einheit nur in ihrer geschichtlich gewachsenen Vielfalt begreifen läßt. Nichts zwingt uns, die DDR mit ihrer leidvollen Geschichte und der kurzen Phase ihrer demokratischen Revolution durch westdeutsche Wirtschaftsmacht einzuebnen. Die von mir angeratene Konföderation erlaubt Freiheit, Einigung und Vielfalt; das Einheitsgebot gehört auf den Müllhaufen unserer Geschichte. Zwar ist der Zug abgefahren, aber die Signale, ihn auf das richtige Gleis zu bringen, sind – seit Karl Jaspers' Thesen und bis heute – immer noch in Funktion.

Februar 1990

Einige Ausblicke vom Platz der Angeschmierten

Kürzlich in Leipzig. Dieser verfrühte Frühlingstag. In Vorahnung besuchte ich am Nachmittag noch einmal die Nicolaikirche, als wollte ich mich beschwichtigen; dann, auf dem Vorplatz, wo alles angefangen hatte, entdeckte ich ein handgemaltes Straßenschild. Mit seiner blauen, altmodisch-dekorativen Umrandung und der gleichfalls blauen, fein säuberlich ausgepinselten Schrift wirkte es echt und gab dem Ausgangspunkt der Revolution vom Herbst des vergangenen Jahres einen neuen Namen: »Platz der Angeschmierten«. Und darunter stand kleingeschrieben zu lesen: »Es grüßen eure Oktoberkinder. Wir sind noch da.«
Ich weiß nicht, was aus dem so echt täuschenden Straßenschild geworden ist. Vielleicht hat es sich als Reminiszenz retten können; am diesbezüglichen Museum wird es nicht fehlen: so viel Vergangenheit. Mir jedoch ist diese Kurzfassung einer folgenreichen Enttäuschung gegenwärtig geblieben, denn nicht nur die Wahlergebnisse vom 18. März und vom 6. Mai, auch die weitere Entwicklung des deutschen Einigungsprozesses (bis hin zur Währungsunion) haben die eigentlichen Revolutionäre, jene also, die gewaltlos das

Machtkartell von Staat und Partei gebrochen hatten, haben die »Oktoberkinder« als Angeschmierte vorerst oder auf Dauer in die Ecke gestellt.

Wollte ich mir den Eigensinn in der Politik zum Thema machen, wüßte ich keinen besseren Anfang, als an den Eigensinn der Revolutionäre von Leipzig, Dresden, Berlin zu erinnern, denn schon hat ihn das erzählende, raunende Imperfekt verschluckt. Oder gibt es ihn noch, verdeckt nur von großspurigen Wörtern, eilfertig vorgeschobenen Geschichtskulissen und der in Großbuchstaben sich hart gebenden Währung?

Müßig aufzuzählen, wieviel demokratischer Eigensinn anfangs, dazumal, als einzig die Nicolaikirche Zuflucht bot, im Spiel war und einander duldete, solange Toleranz Gebot war; und nun ein traurig Lied weiß, wie wenig davon unterm Einheitsdiktat geblieben ist. Der letzte Ausdruck dieser gelebten Demokratie war wohl ein Verfassungsentwurf, den federführend Mitglieder des Neuen Forum und der Gruppierung Demokratie Jetzt der frischgewählten Volkskammer vorgelegt haben. Kaum diskutiert wurde er und dann weggewischt von den notorischen Rechthabern. Nur noch um Anschluß ging es, der nicht Anschluß heißen darf. Und selbst der Spielraum zwischen den Grundgesetzartikeln 23 und 146 durfte nicht ausgeschritten, für weiterreichende Überlegungen genutzt, dem demokratischen Eigensinn anvertraut werden. Zügig muß es vorangehen. Alles andere hält auf. Die Daten sind gesetzt. Die Parole »Wir sind das Volk« mochte drüben kurze Zeit lang eine gewisse Berechtigung haben, bei uns hat der Kanzler das Sagen. Der will als Einigungskanzler die Geschichte bebildern, indem er jeden zweiten seiner übergewichtigen Auftritte als historische Stunde einläutet und so alle Wahlen gewinnt. »Der Zug ist abgefahren«, hieß und heißt es, »und niemand kann ihn aufhalten.«

Mit deutlichem Abstand zur Bahnsteigkante bleiben die Angeschmierten zurück, beschwert von der eigensinnigen Sorge, es könne dem abgefahrenen Zug allerlei in die Quere kommen, zumal ihn niemand mehr (kein Warnsignal) aufhalten kann. Als jemand, der seit Jahren die Konföderation vorschlägt, also die Einigung höher bewertet als eine Einheit, die er zu fürchten gelernt hat, stehe auch ich auf dem Bahnsteig und wiederhole papageienhaft meine Warnungen, ahne ich doch, daß dem abgefahrenen Zug Unglück vorprogrammiert ist. Nur deshalb – und selbst, wenn niemand mehr zuhören will – sollen vom Platz der Angeschmierten einige Ausblicke gewagt werden.

Bis vor nicht langer Zeit und doch über vierzig Jahre lang war die DDR ein sich und seine Bürger überwachender Staat. Zensur hieß sein Gebot. Mißwirtschaft regelte seinen Alltag. Bevormundend sprach er sich aus, bis ihm von seinen Bürgern die Macht entzogen

und in ersten Lektionen Demokratie beigebracht
wurde. Aber steht diesen Bürgern nicht abermals Bevormundung ins Haus? Wird ihnen nicht, wie jüngst
noch im Wahlkampf, nachdrücklich empfohlen, Leistung als Freiheit zu begreifen? Hat man ihnen nicht
schnurstracks einige der Demokratie dienliche Verfas-
sungswünsche als zwar sympathische, aber dennoch
unnütze Flausen ausgetrieben? Und sind sie nicht wiederum einem Ismus untertan, diesmal in Gestalt der
D-Mark, freilich ausgestattet mit den Angeboten der
Reise- und Konsumfreiheit?
Was mit Mut begann, nach all den Demütigungen
Selbstbewußtsein förderte, Witz, sogar Heiterkeit zuließ und kurze Zeit lang in beiden Staaten Freude
machte, ist in Kümmernis umgeschlagen: der deutschen Einheit Pate heißt Freudlosigkeit. Was als Gespräch tastend, einander erfragend begonnen wurde
und Gedanken zulassen sollte, die auch unseren Nachbarn, den Polen voran, verläßlich sein könnten, hat
sich auf Mark und Pfennig verkürzt. Geld muß die
fehlende, übergreifende Idee ersetzen. Harte Währung
soll mangelnden Geist wettmachen. Bei kritischer
Nachfrage darf ersatzweise der Europagedanke her-
halten. Nicht allmähliche Annäherung der Deutschen
ist gefragt, sondern einzig Zuwachs an Absatzmärk-
ten, weil umfassender Stumpfsinn alles dem alles regu-
lierenden Markt überlassen hat. Selten ist im Verlauf

der oft genug unglücklichen deutschen Geschichte eine tatsächliche historisch zu wertende Möglichkeit aus Mangel an gestaltender Kraft so kleinkrämerisch verrechnet, so dumpf nicht begriffen, so leichtfertig verspielt worden.

Und jetzt soll (nach altem Rezept) das Wunder wirken: die Währungsunion als Staatsvertrag. Es mag einem Schriftsteller erlaubt sein, mit- und vorzurechnen, zumal er, spätestens im Umgang mit Verlegern, das Rechnen gelernt hat.

Der Einbruch der D-Mark in die DDR trifft eine unvorbereitete Wirtschaft und eine, was die Tücken und Vorteile der Marktwirtschaft betrifft, ahnungslose Bevölkerung. Die heilsame Medizin wird einzig im Kleingedruckten des Waschzettels wirksam werden: Unverträglichkeiten und sonstige Nebenerscheinungen. Denn jetzt schon läßt sich voraussagen, daß der überwiegende Teil aller in die DDR abgeführten D-Mark-Beträge in kürzester Zeit wieder im Westen sein und hier, ausschließlich hier, die Konsumumsätze in die Höhe treiben und den Tourismus fördern wird. Seit Jahren gespeicherte Wünsche wollen erfüllt werden, Traumreisen ihr Ziel finden. Doch zwischen Elbe und Oder, wo die halbtote Wirtschaft belebt, die gefährdeten Arbeitsplätze gesichert werden müßten, wird jene harte Währung, an die alle Welt zu glauben hat, nicht oder nur unzureichend wirksam werden.

Was man in den Kaufhäusern des Westens zwischen Lübeck und München ausgibt, mag dort zwar die Kassen klingeln lassen und – bei so kräftigem Kaufschub – die Preise beflügeln, aber zu Hause werden die heimischen Produkte liegenbleiben, weil unverkäuflich geworden, grad noch zum Wegwerfen gut.

Die Folgen sind abzusehen: ohnehin angeschlagene Firmen machen sofort Pleite, andere Produktionsstätten, die saniert werden könnten, sind bald darauf zahlungsunfähig, neue Betriebe wagen erst gar nicht den ungleichen Wettbewerb. Besonders Vorsichtige siedeln mit dem frisch umgetauschten Geld in den Westen um. Die erwartete Arbeitslosigkeit steigert sich ins Gemeingefährliche.

Ich sage, diese überstürzte Währungsunion, der keine vorbereitende Belebung der heimischen Wirtschaftskraft vorausging, ist ein Trug, der sich am Ende als Betrug erweisen wird; freilich werden die Angeschmierten diesmal nicht nur die Eckensteher vom Nicolai-Kirchplatz sein; mein voreiliges Auge sieht die Völker beider deutscher Staaten als ein Volk auf Bahnsteigen herumstehen und abgefahrenen Zügen nachschauen. Oder um mit anderem Bild die Vogelschar zu bemühen: Nach der Konjunktur für Wendehälse wird es, neben den obligaten Pleitegeiern, an Spottdrosseln nicht fehlen.

Warum erhebt der oberste Währungshüter, die Deutsche Bundesbank, keinen Einspruch? Zumindest in warnenden Andeutungen hat deren Präsident, Karl Otto Pöhl, auf die mögliche Unwirksamkeit des bevorstehenden Währungszaubers hingewiesen, um dann doch kleinlaut der Kohlschen Eile den Freipaß zu geben. Da nur noch in Geld mehr spekuliert als gedacht wird, erlaubt man sich, Gedanken, die nicht von der Einigungshast diktiert sind, und Besorgnisse, die der menschlichen Existenznot gelten, als lästige Dreinrede abzutun: Intellektuelle Spinnereien sind das, abwegig, weil einen dritten Weg beschreibend, professionelle Schwarzseherei.

Ich wünschte, es wäre so. Lust am Übertreiben hätte mich hingerissen. Keine Magermilchmädchenrechnung werde aufgemacht, vielmehr habe finanzpolitisches Können alles im Griff. Ich wünschte, es dürfte sich der Kinderglauben an das marktwirtschaftliche Bilderbuch aus Ludwig Erhards Zeiten erfüllen, doch sprechen Erfahrung und bloßer Augenschein dagegen.

Während der letzten Wochen war ich zwischen Stralsund und Leipzig unterwegs, zuletzt in der Lausitz, wo sich die weitläufigen Braunkohlengruben nahe Senftenberg und zwischen Spremberg und Hoyerswerda als Landschaft, die stumm macht, dem Zeichner anbieten. Gespräche und bloßes Zuhören bestätigten meine Vorahnung: dem Bonner Pfusch zufolge wird sich der lange genug herbeigeredete Zusammenbruch der DDR-Wirtschaft tatsächlich ereignen. Schon jetzt zeichnet sich ab, daß auswärtige Investoren allenfalls am Verteiler- und Liefersystem noch bestehender Betriebe interessiert sind, weil durch deren aggressive Nutzung westdeutsche Produkte – vom Bier bis zum Videorecorder – den DDR-Markt erfassen können. Der Ruin der Landwirtschaft ist, aus westdeutscher Produzentensicht, beschlossene Sache. Uns altbekannnte Konzerne okkupieren den Buch- und Zeitungsmarkt. Schon sind die Landvermesser der ehemaligen Großgrundbesitzer in Vorpommmern und Mecklenburg umtriebig. Die neuen Kolonialherren ziehen ein und finden in Gestalt von Betriebsdirektoren, vormals der SED hörig, beflissene Zuarbeiter.

Dagegen steht einzig der Katalog versprochener Wohltaten. Doch wem nützen im Verhältnis 1:1 ausgezahlte Gehälter, wenn eine Vielzahl noch funktionsfähiger DDR-Unternehmen nach kurzer Zeit zahlungsunfähig sein wird? Zunehmender Erwerbstätigkeit im Westen folgt, wie beim Ball mit der Delle, Arbeitslosigkeit im Osten. Nur dort könnte Zuwachs zu verzeichnen sein, wo unsere und unserer Nachbarn Ängste ihren Ursprung haben: im deutschen Rechtsradikalismus, zumal nicht auszuschließen ist, daß auch das Goldene Kalb, die harte D-Mark Schaden nehmen wird.

Und das alles ohne Not oder nur, weil sich einige Politiker, der Kanzler voran, mit der Geschichte auf du und du wähnen. Was oder wer befiehlt uns Deutschen solch gedankenlose Hast? Dieser eilige Pfusch erlaubt nicht, daß zusammenwächst, was zusammengehört, vielmehr wird er die während vierzig Jahren konservierte Distanz vergrößern: vom Wohlstand geködert, durch Arbeitslosigkeit entlohnt werden sich die Deutschen dort und die Deutschen hier fremder als je zuvor sein.

Man mag sich fragen: warum diese Klage? Was soll, angesichts eindeutiger Wahlergebnisse, dieser Eigensinn? Weil mit der Warnung vor kopflos ertrotzter Einheit noch einmal die Verantwortlichen genannt werden sollen. Ob den Bundeskanzler Einspruch erreicht, wage ich zu bezweifeln. Aber der Zentralbankrat der Deutschen Bank ist aufgerufen, dem vorgesehenen Währungsschwindel das Ja zu verweigern. Im Rahmen seiner Möglichkeiten hat bisher der Bundespräsident vor überstürztem Handeln und neuerlicher Bevormundung unserer Landsleute gewarnt. Er fand wenig Gehör und hat dennoch versucht, die ständige Brüskierung unserer besorgten und auch verstörten Nachbarn – und sei es durch Worte nur – auszugleichen, zuletzt in Polen, wo seit Waigels Schlesien-Rede das Mißtrauen wächst. Ich meine, jetzt wäre es Richard von Weizsäckers Pflicht, dem drohenden Unheil einer überstürzten Währungsunion als Staatsvertrag keine Zustimmung zu erteilen und dem deutschen Einheitszug einen Zwischenhalt aufzuerlegen.

Damit wir innehalten können. Damit sich Zeit findet, einen Gedanken zu fassen, dessen Substanz mehr anreichert als bloße staatliche und pekuniäre Einheit. Damit wir endlich Gelegenheit nehmen, in demokratischer Breite Rat zu suchen, der uns zu neuer Verfassung verhilft. Nur wenn Bund und Länder, Bundestag und Volkskammer, Regierungen und Opposition, die Kirchen und die Gewerkschaften (und, wenn gewünscht, auch die vielgeschmähten Intellektuellen) miteinander ins verfassungsgebende Gespräch kommen, wird das neu entstehende Deutschland seinen Bürgern und auch seinen Nachbarn gerecht werden. Die deutsche Vergangenheit verpflichtet uns zu dieser Umsicht; desgleichen die gegenwärtigen Gefährdungen: Umweltzerstörung und Klimaveränderung, Überbevölkerung und entsprechende Verelendung in den Ländern der dritten Welt nehmen jetzt schon Zukunft vorweg.

Ein neuer, als Bundesstaat auf kultureller Vielfalt gegründeter Staat wird nicht nur Deutsche zu seinen Bürgern zählen. Italiener und Jugoslawen, Türken und Polen, Afrikaner und Vietnamesen haben innerhalb seiner Grenzen Zuflucht, Arbeit, Wohnung und oft genug abermals Heimat gefunden. Sie erweitern unseren kulturellen Begriff. Sie könnten helfen, unser nach wie vor diffuses Bewußtsein von Nation neu zu erleben. Mit ihrem Beistand sind wir als Deutsche zugleich Europäer.

Doch ist noch Gelegenheit, von der Verflachung der deutschen Frage zur bloßen Währungseinheit Abstand zu nehmen und aus besinnungsloser Eile in eine Gangart zu kommen, die, bei ruhigem Atem, Gedanken erlaubt?

Zurück zum »Platz der Angeschmierten«: Leipzig, Nicolaikirche. Der helle, heitere, zu jedwelcher Nachdenklichkeit einladende Raum. Hier fing alles an. Hier liegen jetzt schon Hoffnungen begraben. Und dennoch ließe sich von hier aus – Bonn und Berlin beiseite lassend – der bislang fehlende Gedanke erproben; denn zöge man von der Leipziger Nicolaikirche zur Frankfurter Paulskirche einen imaginären Faden und folgte dieser gedachten Linie...

Aber was rede ich. Wer hört noch zu.

Mai 1990

Bericht aus Altdöbern

Als mich die Einladung zu dieser Versammlung im Berliner Reichstag erreichte, befand ich mich in einer Verfassung, die keinen ungetrübten Gedanken zuließ. Welche Zeitungen ich aufschlug, überall wurden Stricke gedreht. Wenn hier grober Hanf als Material tauglich sein sollte, wurde woanders Nylonfaser bevorzugt. Wenn im Feuilleton der »Zeit« feinsinnige Seide tauglich sein sollte, drehte man in den entsprechenden Sparten der »FAZ« und der »Welt« einige Lagen Draht in den Strick. Mir sind diese Hinrichtungsvorbereitungen als Rituale der Kulturszene geläufig. Mal ist es dieser, dann jener, der dem Mittelmaß zu groß geraten ist; diesmal sollte Christa Wolf fertiggemacht werden.

Dabei sind die professionellen Strickedreher in der Regel nette, allzeit schreibfertige Enddreißiger bis Mittvierziger, denen ideologische Verführung ernsthaft nie widerfahren ist; vielleicht haben sie im Stichjahr achtundsechzig versuchsweise ein wenig mit der Maofibel gewedelt, doch dann schrieb das Leben ihnen Karriere vor. Und nun urteilen sie, urteilen eine große Schriftstellerin ab, deren Bücher Gewicht haben, weil aus ihnen gebrochene Existenz spricht, weil ihr Thema von der Verführung durch Ideologie bestimmt wird.

Christa Wolf hat lange gebraucht, um sich von einer Partei zu lösen, die mir immer zuwider gewesen ist. Dieser erklärte Gegensatz hindert mich nicht, heute an ihrer Seite zu stehen, wissen wir doch, wie althergebracht in Deutschland mit Schriftstellern verfahren wird: die Strickedreher betreiben eine Zunft mit Tradition. Wenn aber die Einigung Deutschlands mit Hinrichtungen eingeleitet werden soll, wird sie sich ohne Schriftsteller vollziehen müssen.

Aus dieser Abseitsposition reiste ich wenige Tage später mit leichtem Gepäck ostwärts. Der Ort liegt nahe der Autobahn Berlin–Dresden, zwischen Cottbus und Calau, nicht weit von Senftenberg und Finsterwalde entfernt, wenn Ihnen diese sandige Gegend etwas sagt. Von dort kam ich vorgestern mit etlichen Zeichnungen in der Mappe zurück. Gleich hinter der Frauenklinik von Altdöbern bricht die Erdkruste ab, um sich vielfach gestuft in etwa achtzig Meter Tiefe, hier nun schon unter dem Niveau des Meeresspiegels, zu einer neuen, womöglich dem Mond abgeguckten Landschaft zu weiten, aus der, um Seen gruppiert, kegelige Abraumberge wachsen, die sich tief gestaffelt bis knapp unterm Horizont unter Dunstschleiern verlieren: Braunkohle-Tagebau, wie allerorts in der Lausitz.

Meine Wirtin in Altdöbern, eine alte Schlesierin, meinte: »Die müssen hier och balde dichtmachen.« Aber man hoffe doch, daß mit dem neuen Geld, das ja nun komme, zwei, drei Jahre durchzuhalten sei. Vielleicht werde jemand aus dem Westen kommen und sie alle kaufen.

Denn sonst gibt es in Altdöbern nichts. Die beiden Sägewerke haben schon vor Jahren zugemacht, die Schnapsabfüllung kürzlich. Gleich hinterm Marktplatz wird der Schornstein einer ehemaligen Bierbrauerei von Störchen bewohnt: ein tröstlicher Anblick. Altdöbern zählt rund dreitausendfünfhundert Einwohner, von denen gut über tausend im Großtagebau Greifenhain beschäftigt sind, achtundvierzig Stunden wöchentlich im Siebenschichtsystem für jeweils tausenddreihundert Mark. Das magere Abbauverhältnis von Abraum zu Kohle beträgt zwölf zu eins. Die Arbeitsgeräusche der Großraumbagger und Förderbänder steigern die leblose Stille über dem weitläufigen Loch.

Sobald ich vormittags am Grubenrand saß und etwa dort zeichnete, wo die Asphaltstraße nach Pritzen plötzlich, als habe übermenschlicher Heißhunger sie abgebissen, aufhört, einfach aufhört – auch das Dorf Pritzen gibt es nicht mehr – wollte mir die zuunterst liegende Wüstenei zum Bild der DDR werden, nicht allein der vergangenen, die durch Mißwirtschaft ruiniert wurde, nein, der zukünftigen, durch Federstrich demnächst angeschlossenen auch; denn ein nichtswürdiger Staatsvertrag wirft jetzt schon seinen Schatten auf Land und Leute und wird, sobald er in Kraft tritt, die bislang erfahrene Barbarei nicht nur verlängern, sondern auch mit westlichem Beigeschmack anreichern. Die Kehrseite der Marktwirtschaft mag dann die späte, zu späte Einsicht fördern: Das haben wir so nicht gewollt.

Wer hat das gewollt? Nur der Kanzler Kohl mit seinen ungedeckten Versprechungen? Haben nicht andere auch der Eile das Wort geredet? Von Willy Brandt bis Hans-Dietrich Genscher: Sie alle glaubten sich mit der Geschichte im Einklang, beriefen sich auf Züge, die abgefahren und nicht aufzuhalten seien, und redeten eine Inflation historischer Stunden und Augenblicke herbei. Auf der Strecke oder – um im Bild zu bleiben – auf den Bahnsteigen zurückgeblieben ist die Bevölkerung beider deutscher Staaten. Über ihre Köpfe hinweg, an schlecht informierten Parlamenten vorbei, ohne Absprache mit den Regierungen benachbarter Länder wurden – auch gegen den Rat der Bundesbank – im Kohlschen Küchenkabinett sogenannte Nägel mit Köpfen gemacht. Zu allererst ihm, dem Enkel Adenauers, der sich in Bismarcks Kielwasser wähnt, fällt die Verantwortung zu für das bevorstehende Desaster.

Doch erst jetzt, vierzehn Tage vor dem schlagartigen Überfall auf die unvorbereitete Bevölkerung und Wirtschaft der DDR, wird mehr und mehr Menschen bewußt, welch aufgeblasenem Schwindel sie Glauben geschenkt und durch Wahlentscheidungen Narrenfreiheit erteilt haben. Was lange Zeit als störend, gar als vaterlandslose Miesmacherei empfunden wurde, die permanente Dreinrede des saarländischen Ministerpräsidenten, Oskar Lafontaines unverzagten Hinweis auf des Kaisers neue Kleider, sein penetranter Hohn. »Der Kaiser ist nackt, der Kaiser ist nackt!« – das alles wird täglich deutlicher und peinlich von der Wirklichkeit bestätigt, etwa in Altdöbern.

Auf dem Weg zum Grubenrand kam ich dort mehrmals täglich an einem Geschäft vorbei, das sich »Industrie-Laden« nennt. Dort wurde und wird im kleinen der derzeitige Großausverkauf von DDR-Produkten betrieben. Ähnlich geht es in anderen Geschäften zu; die Lager müssen bis zum Stichtag geräumt sein. Platz muß geschaffen werden für Westprodukte, ausschließlich für Westprodukte; das verlangen die Lieferanten.

Fast das gesamte Warenangebot der DDR hat jetzt schon seinen Marktwert verloren, das heißt, die Verkaufsstrategie westlicher Firmen deckt sich auf verhängnisvolle Weise mit den Kaufwünschen der Bevölkerung. Von Stralsund, über Altdöbern bis Plauen ist man dabei, durch die rücksichtslose Abwertung hausgemachter Produkte und die blindlings vollzogene Aufwertung westlicher Waren die eigenen Arbeitsplätze zu vernichten.

Dieser nunmehr selbstzerstörerische Prozeß, der ab 1. Juli die schlimmsten Befürchtungen bestätigen wird, läßt sich durch freundliches Verständnis für den Lockwert westlicher Verpackung und deren Inhalt allenfalls relativieren. Unterm Schlußstrich werden einzig Arbeitslosenzahlen Wachstum beweisen, denn all jene DDR-Betriebe, deren Produkte vom Markt verdrängt werden, müssen dennoch ab 1. Juli Löhne und Gehälter in D-Mark zahlen; die Pleite ist ihnen vorgeschrieben über kurz oder lang.

Und das nennt sich Marktwirtschaft. Und diese Marktwirtschaft will auch noch sozial genannt werden. Eine der zwei Kneipen in Altdöbern darf nur noch bayerisches Bier ausschenken. Genauer gesagt: Pschorr-Bräu, ein naturtrübes Hefe-Weißbier. Die Firma Hacker-Pschorr aus München hat den Gastwirt mit Bierdeckeln, Speisekarten und raumschmückendem Zubehör versorgt; seine Gegenleistung: kein DDR-Bier kommt mehr über die Theke. Was heißt hier Wettbewerb! Qualität setzt sich durch.

Dieser Raubrittermentalität läßt sich die zukünftige Entwicklung der DDR ablesen: aus westdeutschem Interesse gesehen, wird sie vor allem als ostelbischer

Markt profitabel sein. Schon zeichnet sich landesweiter Vertrieb ab. Wie im Cottbusser Hotel »Lausitz« haben allerorts westdeutsche Vertreter Quartier bezogen. Tagsüber schwärmen sie aus und stecken ihre Reviere ab. Am Abend haben sie Mühe, eine freie Telefonleitung zu ergattern: Geschäftsabschlüsse wollen gemeldet werden. Von wirklichen Investitionen ist immer seltener die Rede. Man will noch abwarten. Was will man abwarten?

Mit anderen Worten: mein Blick vom Grubenrand und also vom Stadtrand Altdöberns in den Braunkohle-Tagebau, dieser Blick auf eine offene, nicht mehr verheilende Wunde – denn noch vor der Erschließung der Grube wurde das Grundwasser gesenkt, seitdem leidet die gesamte Region an Trockenheit – mein Einblick also in die Folgen von Folgen so falscher wie gewaltsamer wirtschaftlicher Entscheidungen hat mich gelehrt, daß die neuerdings anstehenden falschen und gewaltsamen Entscheidungen das zerstörerische Werk unter anderem Markenzeichen fortsetzen werden, auch wenn der Bürgermeister von Altdöbern, ein, wie er sagt, grundsätzlich optimistischer Mensch, davon träumt, daß eines Tages die Abraumhalden begrünt sein und die Grubenlöcher als liebliche Seen die begrünten Hügel spiegeln werden. »Das dauert natürlich noch etwas«, sagte er, »aber in dreißig Jahren ist es soweit.«

So freundlich ich Altdöbern und seinen Bürgern alles Gute wünsche, hier muß jedoch von gegenwärtiger Wüstenei und bevorstehender Verwüstung die Rede sein. Der Ort heißt Reichstag. Der 16. Juni bestimmt das Datum. Das »Kuratorium für ein demokratisch verfaßtes Deutschland« hat Bürger aus beiden Deutschland aufgerufen, beratend zusammenzukommen. Die Gründe für diesen Aufruf sind meinen wirtschaftlichen Befürchtungen benachbart. In gleichem Maße und nach ähnlichem Ruckzuckverfahren, wie sich die Bundesrepublik das Gebiet der DDR als ostelbischen Markt ausgeguckt und auf Anhieb erobert hat, wurde auch auf demokratischem Feld gewütet.

Kein halbes Jahr ist es her, da wollte Herr Kohl noch mit Hilfe eines bedächtigen Zehnpunkteprogramms, Schritt für Schritt – und immerfort Europa im blinzelnden Blick – die große Aufgabe der deutschen Einheit angehen; und Willy Brandt sprach auf Marktplätzen zwischen bedeutungsvollen Pausen den oft zitierten Satz, daß nun zusammenwachse, was zusammengehöre. Vom Tisch gewischt sind die zehn Punkte. Allenfalls zusammengeschustert wird, was sich halbwegs als niet- und nagelfest erweist. Wie der Haussmann seinen Pohl, hat der Schäuble seinen Diestel gefunden. Entsprechend schnell wurde der Verfassungsentwurf des Runden Tisches, mit dessen Hilfe sich die DDR als gleichgewichtiger Verhandlungspartner legitimieren sollte, zum Altpapier erklärt.

Abermals soll es ruckzuck gehen. Wozu haben wir den Artikel 23? Wir haben ihn, um ihn anzuwenden und den Schlußartikel des bundesdeutschen Grundgesetzes vergessen zu machen; denn dieser Artikel verpflichtet die Deutschen, im Falle möglicher Einheit, zu einer neuen, demokratisch erarbeiteten Verfassung. Und wie das Machwerk »Staatsvertrag« an allen demokratischen Gremien vorbei durchgepaukt wurde, soll nun, mit Hilfe des Anschlußartikels 23, die Verpflichtung zur neuen Verfassung ausgehebelt werden: ein Gaunerstück, das Beifall findet, geht flott inszeniert über die Bühne. Widerstand rührt sich kaum noch.

Mein Beitrag zu dieser Versammlung und konstituierenden Sitzung ist das Angebot, mitzuarbeiten, auch wenn ich weiß, daß nur noch ein unverdrossenes Häuflein dem bevorstehenden Verfassungsbruch widerspricht. Denn Verfassungsbruch ist es, wenn der Artikel 146 mißachtet und nicht angewendet wird. Vorbeugend sollte jetzt schon die Verfassungsklage vorbereitet und gegebenenfalls eingereicht werden. Ich jedenfalls will keinem Deutschland meine Stimme geben, das auf Verfassungsbruch beruht.

Wer den Artikel 23 als Ermächtigungsgesetz mißbraucht, darf sich nicht wundern, wenn ihn die deutsche Geschichte einholt. Diese Geschichte mahnt uns, den abschließenden Auftrag des Grundgesetzes ernst zu nehmen und zur Bildung einer verfassunggebenden Versammlung aufzurufen, in der sich alle Bürger – die Bürger hier, die Bürger dort – als demokratisch legitimiert wiedererkennen. Eine verfassunggebende Versammlung, deren Werk dem Volk zur Abstimmung vorgelegt werden muß, bildet in sich die letzte Möglichkeit, den zur D-Mark-Herrschaft verflachten Einigungsprozeß mit neuen Gedanken zu gestalten und unter demokratische Kontrolle zu bringen.

Das Datum ist gut gewählt. Was als Arbeiteraufstand am 16. und 17. Juni 1953 scheiternd begann, führte im Oktober und November 1989 zum Erfolg. Undemokratische Herrschaft wurde gebrochen. Das Volk gab sich als Volk zu erkennen. Dem Wort Freiheit wurde wieder Sinn gegeben. Möge diese erstrittene Freiheit in einer neuen Verfassung Ausdruck finden, damit aus der Bundesrepublik Deutschland und der Deutschen Demokratischen Republik ein Bund Deutscher Länder werde, der unserer föderativen Vielfalt entspricht. Nie wieder wollen wir zum Fürchten sein.

Rede am 16. Juni 1990 im Berliner Reichstag anläßlich der konstituierenden Sitzung des »Kuratoriums für ein demokratisch verfaßtes Deutschland«.

Ein Schnäppchen namens DDR

Die Zone, SBZ, der andere Teil Deutschlands, der Unrechtsstaat in Gänsefüßchen, nicht anerkannt, dann anerkannt, die Deutsche Demokratische Republik, ab morgen Ex-DDR, Ostelbien, das Lutherland, in dem zur Zeit der Bauernkriege ein anderer Reformator dem Feind der aufrührerischen Haufen streitbar Antwort gab und beklagte, was immer noch gültiges Unrecht ist: »Die Herren machen das selber, daß ihnen der arme Mann feind wird. Die Ursache des Aufruhrs wollen sie nicht beseitigen. Wie kann das auf Dauer gut werden?«

Mit diesem Rückgriff und Thomas Müntzer-Zitat bin ich beim gegenwärtigen deutschen Ungemach: die Einheit ohne Einigkeit, der ein Datum gesetzt ist. Zum 2. Oktober wurde Glockengeläut angesagt als Ersatz für Freude, die vergangen ist; es sei denn, dem Fernsehen, als Erfinder neuer Wirklichkeit, gelingen einige Jubeleinblendungen. So wird Geschichte gemacht.

Dabei fing alles günstig an. Über ein Jahrzehnt lang hatte die Freiheitsbewegung Solidarność nicht nur für Polen vorgearbeitet. Václav Havel und seine Mitstreiter ließen sich nicht mundtot machen. In Ungarn halfen sogar die Kommunisten, das verhaßte System aus den Angeln zu heben: sie öffneten als erste den Eisernen Vorhang. Und dank Michail Gorbatschows Politik, dem Wagnis ohne Vergleich, zeigte auch das Herrschaftsgebäude der SED Risse. Dort, wo jahrzehntelang Schweigen dem sprichwörtlichen Edelmetall gleichwertig zu sein hatte und allenfalls hinter vorgehaltener Hand geklagt wurde, ging das Volk, genauer gesagt, dessen mutiger Teil auf die Straße und sprach auch so, unüberhörbar: »Wir sind das Volk!«

Ein Irrtum, wie sich bald herausstellte, denn ab Ende November letzten Jahres gehörte jenem Teil des Volkes, der vorher geschwiegen hatte, die Straße. Das war der größere Teil. Er rief: »Wir sind ein Volk!« und ließ, gewalttätig unduldsam wie gelernt, den kleineren Teil nicht mehr zu Wort kommen.

Im westlichen Deutschland wurde der Ruf nach Einheit, wenn nicht vom Volk, dann von dessen Politikern eilfertig aufgenommen. Unter Verzicht auf gemeinsame Nachdenklichkeit sollte es schnell und schneller gehen, damit ja nichts anbrennt, hieß es. Zu sperrig sei das Möbelstück »Runder Tisch«. Wer weiß, wie lange sich Gorbatschow hält. Bedenken sind unzeitgemäß.

Als der Weisheit letzter Schluß wurde eine Bahnhofsdurchsage wiedergekäut: »Der Zug ist abgefahren!« Und jemand, der sonst Probleme auszusitzen pflegt, glaubte, den Mantel der Geschichte rauschen zu hören, sprang auf und griff zu. Weil jedoch der Zwie-macht aus Zwietracht, die nun Einheit werden soll, der einigende Gedanke fehlt, wurde den Rufern nach staatlicher Einheit der materielle Teil ihres Wunsches durch ein Versprechen faßlich gemacht; schließlich standen Mitte März – so schnell ging's voran – Wahlen ins Haus.

Die versprochene D-Mark. Die harte Währung. Die glückverheißende Münze. Der Gedankenersatz und Alleskleber. Das Wunder in Neuauflage.

Seitdem ist nur noch vom Geld die Rede, wenngleich eine Zeitlang salbungsvoller maulgehurt wurde und das Doppelgespann »Würde und Anstand« den Karren ziehen mußte. Doch würdeloser und unanständiger hätten die deutsche Einheit und deren Gefährt nicht eingepeitscht und vorangetrieben werden können. Was zum Schrott erklärt wurde, ward Schrott.

Unterm Strich gerechnet, bleibt immerhin positiv zu bilanzieren, daß es den westdeutschen Handelsketten gelungen ist, ihren Markt zu erweitern, die Gunst der Stunde flächendeckend zu nutzen, das »drüben« einheimische, ohnehin minderwertige und schlecht verpackte Produkt zu verdrängen und – ohne investieren zu müssen – ein Schnäppchen zu machen, ein Schnäppchen namens DDR.

Dieses Wort, geläufig im neudeutschen Sprachgebrauch, steht für allmögliche Gelegenheiten. Was man

41

günstig mitkriegt: so nebenbei, beim Sommerschluß-verkauf, auf Flohmärkten, im Zugriff durch Gesetzes-lücken, bar auf die Hand an der Steuer vorbei, legal bei Zwangsversteigerungen oder wie zufällig, im Vorbei-gehn. Kurzum: ein Schnäppchen ist immer günstig und ein günstiges Schnäppchen ein weißer Schimmel. Etwas, womit man gar nicht gerechnet hatte; denn wer im westdeutschen Klein- und Großhandel hätte vor Jahresfrist diese Markterweiterung, auch Wieder-vereinigung genannt, im Kalkül gehabt?

Nein, nicht nur die Klein- und Großhändler, auch die Parteien, Gewerkschaften, Kirchen, die hochkarätigen Aufsichtsräte und stillen Teilhaber, das gesamte west-deutsche Volk in seiner vielfältigen Einfalt hatte ganz anderes im Sinn als eine Währungsunion mit »denen da drüben« – und ruckzuck draufgesattelt den Ein-heitsstaat. Wenn anfangs im Fernsehen Freude abge-fragt werden konnte und der vielgehörte Ruf »Is ja Wahnsinn!« dieser Freude knappen Ausdruck gab, herrschen jetzt im Westen Mißmut und im Osten Äng-ste vor. Gezänk zieht ein im Doppelhaus. Nur noch von zusätzlichen Milliarden ist die Rede. Schon fehlt es an Platz für weitere Leichen im gesamtdeutschen Keller. Das Schnäppchen DDR kommt teuer zu ste-hen.

Natürlich weiß ich, daß dieser Abgesang bitter schmeckt. Dem altdeutschen Ruf »Wo bleibt das Posi-

tive!« wird meine Antwort »Ja, wo ist es nur abge-
blieben?« kaum den bedrohlichen Unterton mildern.
Doch selbst, als es noch möglich war, außer Geld
zusätzlich Gedanken an die Einigung zu verschwen-
den, als es mir einfiel, eine Konföderation der beiden deutschen Staaten vorzuschlagen, die sich, nach
freiem Volkswillen, fünf oder auch sieben Jahre später
in einen »Bund deutscher Länder« hätte verwandeln
können, und als ich zusätzlich meinte, es werde ein
solch nachdenklicher, deshalb behutsamer und lang-
samer Weg zur Einheit uns Deutschen und unseren
Nachbarn erträglicher sein als der sich anbahnende
Schweinsgalopp samt voraussehbaren Flurschäden,
wurde ich zum Schwarzseher, Miesmacher ernannt
und unter der Rubrik »Vaterlandsloser Geselle« abge-
bucht, wenn nicht vorgemerkt.

Nun liegt das Kind im Brunnen und wird obendrein
auch noch gescholten: Selber schuld! Habt ja so gewählt! Wolltet doch unbedingt die D-Mark! Da habt
ihr sie!

Also das Kind im Brunnen ist schuld und nicht die
Herren Kohl, Waigel, Haussmann, begleitet vom
Chor vielgelesener Gutzuredner von Rudolf Augstein
bis Robert Leicht. Die wissen schon wieder schnellen
Rat: Nur wenige Jährchen lang wird sich das wim-
mernde Kind, das in den Brunnen fiel, tief unten ab-
zappeln müssen, doch dann werden, wie versprochen,

die Instrumente der Marktwirtschaft greifen und bisher nur kleckernde Investitionen endlich klotzen. Dann darf das Kind, das in den Brunnen fiel, wieder raus aus dem Loch.

Kürzlich war während einer Tagung in Oslo, zu der die Elie-Wiesel-Foundation eingeladen hatte, vom Haß die Rede. Der weltweit wachsende Haß war Thema der Konferenz. Nelson Mandela und Václav Havel, Elena Bonner und Adam Michnik, John Kenneth Galbraith und Elise Wiesel – um wenige beispielhaft zu nennen – gaben Bericht aus jeweils ihrem Erfahrungsbereich: wie Haß vorbereitet wird, wie er ausbricht. Weil es mir an Kenntnissen fehlt, die differenziert genug wären, alle in der Sowjetunion oder auf dem Balkan ausbrechenden Konflikte zwischen den Völkern im Detail beurteilen zu können, berichtete ich in Oslo von zu Hause, indem ich Gründe für noch verkapselten, für neu belebten, aber auch für frisch entstehenden Haß zwischen Deutschen und Deutschen einerseits und Polen und Deutschen andererseits zu erkennen versuchte. Ich sagte: Indem sich die Deutschen in kopfloser Eile, entsprechend gedankenlos und einzig dem Fetisch Währung vertrauend, inzwischen bar jeder Freude vereinigen, wobei der größere Teil Deutschlands Tempo und Gangart bestimmt, erfährt der kleinere Teil, dessen Bewohner soeben noch froh waren, sich endlich frei von staatlicher Bevormundung begreifen zu dürfen, nun das Diktat profitorientierter Kolonialherren, die hier zugreifen, dort abwarten und erst dann zu investieren bereit sind, wenn ihnen die Konkursmasse DDR zum Schleuderpreis zugefallen sein wird; möglichst frei von Altlasten.

Auf solchem, mittels Kahlschlag sanierten Gelände gedeiht Haß. Schon jetzt ist abzusehen, daß es auf lange Zeit Deutsche erster und zweiter Klasse geben wird. Das neue Unrecht, das auf altem fußt, trifft eine Bevölkerung, die dem anhaltenden Unrecht nach zwölf Jahren nationalsozialistischer Herrschaft weitere fünfundvierzig Jahre lang untertan war. Diese siebzehn Millionen Ostdeutschen sind es gewesen, denen stellvertretend die Hauptlast des von allen Deutschen begonnenen und verlorenen Krieges aufgebürdet wurde. Geschwächt von Anbeginn durch Demontage und Reparationsleistungen in Milliardenhöhe, hatten sie nie freie Wahl; den Westdeutschen hingegen wurde von den Siegern Freiheit geschenkt und Marshallplanhilfe zugestanden. Die Bewohner der SBZ, des Staates in Gänsefüßchen, blieben »die armen Brüder und Schwestern«, an die man sich, anläßlich Weihestunden, zu erinnern bemühte. Jahrzehntelange Herablassung und unverbindliche Wiedervereinigungsrhetorik waren kränkend genug. Die

Deutschen zweiter Wahl trugen allzu geduldig die Kleider ihrer reichen Verwandten auf.

Und nun sind sie abermals zweitklassig. Anstelle kommunistischer Mangelwirtschaft wird ihnen unter dem Etikett »Soziale Marktwirtschaft« rüde Ausbeutung geboten. Häßlich sieht diese Einheit aus. Das ohnehin Ungeschlachte des Kanzlers aller Deutschen hat sich zur Überlebensgröße ausgewachsen und wirft seinen Schatten. Ihm ist es gelungen, der Teilung Deutschlands, wenngleich die Mauer gefallen ist, Bestand zu sichern. Die Einheit nach seinem Maß spaltet. Den ohnehin Verletzten kränkt sie, dem Schwachen zeigt sie Härte. Nicht nur um sich greifende Arbeitslosigkeit, auch die wachsende Erkenntnis, daß später, wenn für Billiglohn Arbeit wieder angeboten sein wird, die Besitzverhältnisse eindeutig zugunsten des westdeutschen Kapitals geregelt sein werden. Diese schon jetzt festgeklopfte Gewißheit legt Treibbeete an für sozialen Neid, der sich in der Regel zu Haß auswächst. Den wieder einmal Zukurzgekommenen, den abermals Angeschmierten, den ewigen Underdogs verspricht Haß in emotionalen Schüben immerhin Stärke.

Schon haben sich die soeben noch zerstrittenen westdeutschen Rechtsradikalen mit den ostdeutschen vereinigt: ihnen ist Konjunktur angesagt. Und da sich Haß nur in Einzelfällen (die literarisch ergiebig sein mögen) als Selbsthaß verzehrt, wird er Ziele außerhalb seines eigenen völkischen Dunstkreises suchen: Westlich der Oder ist Polenhaß bereits alltägliche Gegebenheit.

Ich war dort unterwegs während der letzten Monate. Ob in Cottbus, Guben oder in der nördlichen Uckermark, überall im grenznahen Gebiet konzentriert sich Fremdenhaß – sonst mehr auf Vietnamesen und Afrikaner gerichtet – direkt gegen polnische Gastarbeiter und auf Polen allgemein, zumal polnische Kleinhändler, unterwegs nach Berlin, in Busladungen über die Grenze kommen und althergebrachte Vorurteile zu bestätigen scheinen. Hinzukommt, daß in unmittelbarer Grenznähe seit 1945 viele aus Schlesien und Pommern stammende Flüchtlinge wohnen, denen die von beiden deutschen Parlamenten ausgesprochene Anerkennung der polnischen Westgrenze als Verrat gilt. Entsprechenden Zulauf erleben die Flüchtlingsverbände, denen Polens ökonomische Schwäche Hoffnung macht: Die brauchen uns doch. Die kommen noch mal auf den Knien gerutscht. Allein aus sich heraus schafft der Pole das nie. Polnische Wirtschaft! Kennen wir doch.

Ein Aufenthalt in Poznań und Gdańsk bestätigte mir, daß dort die Verunsicherung als Angst vor den Deutschen zunimmt und in ihrem irrationalen Ausmaß gleichwohl einen rationalen Kern erkennen läßt: wird doch die Oder-Neiße-Grenze während Jahrzehnten die Wohlstandsgrenze zwischen Ost- und Westeuropa bilden, spürbar in Gestalt deutscher Währung, deren Expansionskraft aus polnischer Sicht so bewundernswert wie furchterregend ist. Und gewiß ist zu befürchten, daß die ehemaligen deutschen Ostprovinzen Schlesien, Pommern (und mit Vorrang die Grenzstadt Stettin) dem Zugriff der harten Währung ausgeliefert sein werden; denn Polens Schwäche und politische Instabilität könnten wieder einmal zum Dauerzustand werden und eine Hilfsbedürftigkeit signalisieren, die beim westlichen Nachbarn Gehör fände. Seine Hilfe wird kaum selbstlos kommen. Sachlich angeboten, muß sie nicht auftrumpfen. Ganz unmilitärisch diesmal, einzig die D-Mark bei Fuß, wird sie grenzüberschreitend sein.

Man mag sich derzeit östlich der Oder fragen: Wenn die reichen Westdeutschen mit ihren armen Landsleuten so erbarmungslos umgehen, wie werden dann wohl die vereinigten Deutschen uns Polen heimzahlen?

Und heimgezahlt wird schon jetzt, wenn vorerst auch nur in kleiner Münze: für wiederholte Kränkungen, unvergessene Mißachtung, weil die DDR-Deutschen den Polen während Jahrzehnten kommunistischer Herrschaft verächtlich gewesen sind, weil als gehorsamster Vasall der verhaßten Russen der »Nachfolge-

staat Preußens« galt und weil die Polen dessen Bewohner – im Vergleich zu den aus Distanz bewunderten
Westdeutschen – als zweitklassig gewertet und oft
genug behandelt haben.

So wurde und wird Haß angerichtet, bis er wie selbsttätig läuft: autonom.

Als im Verlauf der Tagung in Oslo Václav Havel berichtete, notierte ich mir einige seiner Definitionen:
»Der Haß ist dem Hassenden wichtiger als das Objekt
seines Hasses.« In seiner immer wieder neu ansetzenden Analyse ging es ihm um die besondere Anfälligkeit
der osteuropäischen Nationen für kollektiven Haß,
weil diese, wie er sagte, jung, unerfahren, noch nicht
erwachsen seien. Und Adam Michnik sprach, betroffen vom polnischen Antisemitismus in einem Land
ohne Juden, vom »magischen Antisemitismus«.

Mir will zum deutschen Fremdenhaß, der auch zwischen Deutschen Anlässe sucht und findet, keine bündige Formulierung gelingen, weil hierzulande selten
Haß, doch häufig bürokratische Kälte den Ausschlag
gibt für inhumane Exzesse. (Und konträr dazu zeichnet sich das deutsch-polnische Verhältnis auch durch
Beispiele freundschaftlich-versöhnlicher Art aus, die
Hoffnung machen könnten.) Dennoch fürchte ich,
daß das ökonomische Ost-West-Gefälle, gesteigert durch eingefleischten Nationalismus, Folgen bis
zur Gewalttätigkeit haben wird, wenngleich die Frei

räume für praktizierten Haß zwischen reichen und armen Deutschen sowie armen Deutschen und noch ärmeren Polen relativ klein sind im Vergleich zu Anlässen für Haß, die sich gegenwärtig zwischen den Industrienationen und den Völkern der dritten Welt in komplexer Vielfalt bieten.

So verbissen und kleinkrämerisch wir Deutschen mit uns beschäftigt sind, so epidemisch die Sorge um sich greift, es könne das Schnäppchen namens DDR teurer, viel teurer als vorbedacht werden, so bombastisch der 3. Oktober als ein geschichtsträchtiges Datum mehr des Kanzlers Agenda bebildern soll – andere Ereignisse gewinnen Vorrang: der Kampf um die Rohstoffe und deren Besitz hat begonnen.

Zur Zeit droht Gefahr, daß sich der latente Nord-Süd-Konflikt in der Golfregion als Krieg mit unabsehbaren Folgen entlädt. Darauf reagieren hierzulande einzig die Benzinpreise und die Börse. Bei grobgeschätzt dreihundert Milliarden D-Mark als Preis für die deutsche Einheit fallen einige zusätzliche Milliarden Solidarbeitrag für Amerikas Wüstenarmee nicht groß ins Gewicht. Im übrigen glaubt man, fein raus zu sein, obgleich seit Jahren bekannt ist, daß durch westdeutsche Zulieferungen der Irak in die Lage versetzt worden ist, Giftgas zu produzieren und ans Ziel bringen zu können.

Zwar haben die Sowjetunion, China und fast alle

westeuropäischen Länder durch Waffenlieferungen den Irak zur Kriegsmacht erster Ordnung aufgerüstet, doch die ausschlaggebende Bedrohung findet sich nicht im sogenannten konventionellen Bereich. Es sind chemische Waffen, mit denen gedroht wird, und als erstes Ziel wurden drohend Israels Städte genannt. Jahrelang haben über hundert bundesdeutsche Firmen, darunter solche von Weltrang wie Klöckner, Buderus, AEG und Siemens, Preussag und MBB, Thyssen, Mannesmann, Carl Zeiss und Degussa, Voraussetzungen geschaffen für die nicht nur denkbare, vielmehr täglich mögliche Fortsetzung des Völkermordes an den Juden. Gegen dreißig und mehr Firmen ermittelt inzwischen – zu spät! – der Staatsanwalt. Durch Untätigkeit und Duldung hat sich die Bundesregierung jetzt schon mitverantwortlich gemacht für den zurückliegenden Giftgasmord an Tausenden von Kurden: ein Verbrechen, das offenbar Gewohnheitsrecht für sich beansprucht, nachdem Verbrecher in höchsten Staats- und Wirtschaftspositionen unbelangt bleiben. Nein, nicht Haß, von dem auf der Osloer Konferenz die Rede sein mußte, ist die nachzuweisende Triebkraft für diesen Handel gewesen, sondern Profitsucht. Sie könnte weiterhin entsetzliche Folgen haben, vergangene deutsche Schuld gegenwärtig und uns Deutsche wieder verhaßt machen. Mit Entsetzen zwinge ich mir diese Vorahnung ab. (Noch während ich dieses schreibe, könnte sie eingeholt werden, Tatsache sein.)

Deshalb zurück zum Profit – diesem Wert an sich – und zur Profitsucht, die keine Hemmung kennt und zugreift, wo sich was bietet, weil aus Profitsucht geförderte Verbrechen durch die Gesetze der Marktwirtschaft abgesegnet werden. Ich bin sicher, daß die leitenden Herren der genannten Firmen von Weltrang einschlägige Angebote aus Krisengebieten in jenem Umgangsdeutsch als Schnäppchen gewertet haben, das auch dem Management aller Handelshäuser geläufig ist, die sich den DDR-Markt aufteilen. Und wenn sich gegenwärtig die Kanzleien Lambsdorff/de Maizière zusammenschmeißen, um sachkundig die Geschäfte der Treuhandgesellschaft zu besorgen, geschieht auch das nach gängiger Ganovenmoral. Wie sagt man: Das ist zwar unschön, aber als Handelsgebaren weltweit üblich. Der Markt sucht Lücken, will wachsen. Wachstum ist sein Credo. Sollen die Deutschen jetzt etwa, nur weil sie ihren Markt ein wenig erweitern, gefährlich sein?

Sind die Deutschen wieder zum Fürchten? Diese Frage wird zur Zeit oft gestellt, zumeist mit rhetorischem Zungenschlang, weil Antworten abrufbereit vorrätig sind: Wir haben aus der Geschichte gelernt. Recht und schlecht sind wir wie andere Völker auch. Die Europäisierung Deutschlands wird alle vermuteten Gefahren bannen. Vor uns muß sich niemand mehr fürchten.

Wirklich? Ist die fixfertige Installierung produktionstüchtiger Giftgasfabriken, mehr noch, die Bedenkenlosigkeit, mit der die Bundesregierung diesen verbrecherischen Handel hingenommen, also gedeckt hat, nicht ein Gegenbeweis? Und gibt es nicht selbst dort Rückfälle in fürchterliches Verhalten, wo Behutsamkeit zur Berufsroutine gehört?

Als sich vor einigen Monaten die Außenminister der Sowjetunion und der Bundesrepublik Deutschland in der einst polnischen, seit 1939 weißrussischen Stadt Brest trafen, war das ein Treffen neben vielen. Dieser Ort kümmerte die Welt wenig. Nur die Polen reagierten verschreckt, weil Schewardnadse und Genscher taktlos genug waren, einander dort zu begegnen, wo im Herbst 1939 die Wehrmacht und die Rote Armee ihre Waffenbrüderschaft gefeiert und ihre Siegesparade abgehalten hatten. Eine Schande, zumal nicht, wie gewohnt, der Kanzler Kohl Polen gegenüber den Rüpel herauskehrte, sondern ein Politiker Rücksichtslosigkeit bewies, der allgemein als schlau, vorsichtig, ja, behutsam gilt.

Und abermals höre ich die Gebetsmühle der Einwände: Alle Ängste der Polen seien zwar verständlich, aber doch übertrieben; Deutschland habe sich reuig gewandelt und im Schulfach Demokratie mit lauter Einsernoten nahezu streberhaft verbessert; man möge dieses Außenministertreffen und andere Ungeschicklichkeiten doch bitte nicht überbewerten...

Gerne würde ich mich beschwichtigen lassen und uns als annähernd harmlos begreifen. Doch sobald ich Bilanz des deutschen Einheitsprozesses ziehe, sind alle Befürchtungen wieder hellwach. Erschreckend, wie die D-Mark zum Glaubensartikel erhoben wurde, als könne Gedankenleere durch Geld wettgemacht werden. Beängstigend wurde die Diskussion um die künftige Hauptstadt über vollaufgedrehte Lautsprecher geführt. Beklemmend wirkt sich die Vereinheitlichung der öffentlichen Meinung vom »Spiegel« über die »FAZ« bis zur Wochenzeitung »Die Zeit« aus. Leichtfertig wurde an beiden Parlamenten vorbei der erste Staatsvertrag durchgepaukt. Und furchterregend lasen sich Erfolgsmeldungen, nach denen die Strategie des Blitzkrieges nun mit finanzpolitischen Zangenbewegungen ihre Friedensstärke beweist.

Wem wird noch immer nicht bange, wenn täglich deutsche Rückfälligkeiten demonstriert werden, wenn mühsam erlernte demokratische Tugenden über Nacht ihren Kurswert verlieren, wenn Vereinigung auch im Staatssicherheitsbereich vollzogen wird, wenn sich – schon wieder einmal – die größte Oppositionspartei wegduckt, weil sie befürchten muß, nach leisestem Widerspruch »vaterlandslos« gescholten zu werden? Und nicht nur lächerlich, furchterregend auch sind jene aus Dummheit zelebrierten Siegerposen, nach deren Weisung jeder Utopie Platzverbot zu erteilen und jedwedem dritten Weg das Wegerecht zu verweigern ist. Wie vormals die inzwischen gescheiterte Planwirtschaft wird nun die Marktwirtschaft zur Ideologie erhoben. Und des Kanzlers Verhältnis zur Macht darf sich im Vergleich mit Bismarck spiegeln, als wäre die Blut-und-Eisen-Politik des preußischen Junkers für die Deutschen und ihre Nachbarn ein Segen gewesen.

Nun könnte man sagen, alle hier aufgezählten Befürchtungen werden sich relativieren, weil die Politik des bismarckähnlichen Kanzlers spätestens nach der Dezemberwahl Konkurs anmelden muß. Selbst den notorisch Gutwilligen und allzeit Treugläubigen wird nicht verborgen bleiben, daß Kohl und sein Finanzminister sechzehn Millionen Deutsche sozial deklassiert haben. Wie hätte auch die zwischen Elbe und Oder ohnehin marode Wirtschaft dem plötzlichen Konkurrenzdruck westlicher Warenangebote standhalten können? Der Zusammenbruch der Landwirtschaft, die sprunghaft steigende Arbeitslosigkeit, der neue Zentralismus der Treuhandgesellschaft, die leeren Kassen der Kommunen, das Stasi-Syndrom allerorts, die so oft versprochenen und dennoch hartnäckig aus-

bleibenden Investitionen, der Unfälle steigernde Ge-
brauchtwagenhandel, die erneute Abwanderung von
Facharbeitern gen Westen, das Stimmungstief – nach
so viel Hoffnungsmache – und das vorausgesagte
wirtschaftliche und soziale Chaos sind offensichtlich:
des Roßtäuschers Pferde lahmen.

Also sind sie doch gar nicht so gefährlich, die Deutschen. Bei allem Glück und nachbarlichem Vertrauen
haben sie dennoch einen einzigen Pfusch zustande
gebracht. Zahlen werden sie müssen, unentwegt
draufzahlen. Großsprecher und Dilettanten waren am
Werk; sogar der Hüter der westdeutschen Währung,
Karl Otto Pöhl, der anfangs Zweifel geäußert hatte,
gab schließlich der »Einheit auf Pump« den Freipaß
und ist nun mitverantwortlich.

Doch da nicht beliebige Fehlentscheidungen zu bekla-
gen sind, vielmehr eine brutal vollzogene Staatsaktion
Wirkung zeigt, beweist die übereilte und unvorbereitete Einführung der D-Mark – Währungsunion
genannt – von Tag zu Tag mehr den erbarmungs-
losen Umgang mit Menschen, die seitdem schutzlos
den Methoden des Frühkapitalismus ausgesetzt sind.
Nach jahrzehntelanger ideologischer Bevormundung,
kurzgehalten durch kommunistische Mangelwirtschaft, doch immerhin hoffend auf versprochene
Wunderwirkung, widerfährt ihnen jetzt jene Ausbeutung, deren Fratze vormals die Zuchtmeister leninisti-

scher Schule als Schreckgespenst an die Wand gemalt haben.

Es ist die menschenverachtende Gewalttätigkeit dieser Politik, die fürchterlich ist und Angst verbreitet. Man wird sich außerhalb unserer Landesgrenzen (und nicht nur in Polen) fragen: Wie werden die Deutschen demnächst – nun annähernd achtzig Millionen stark – im zukünftig gemeinsamen Haus Europa hier zupacken, dort absahnen und allemal ihr Schnäppchen machen wollen? Denn nicht mehr im militärischen Bereich liegt die vermutete Bedrohung – wie den Japanern ist den Deutschen die Lust am Krieg vergangen –, wohl aber in der ökonomischen Expansionskraft der einst geschlagenen Achsenmächte, die wenig Hemmung zeigen, ihre Macht abermals zu bündeln, wie neuerdings Daimler-Benz und Mitsubishi, denen eine Technologieachse zwischen Deutschland und Japan planenswert ist. Solch »strategische Allianz« drückt jetzt schon aggressiven Willen nach Zuwachs, Marktbeherrschung, aber auch jene Hemmungslosigkeit aus, die sich in exportierten Giftgasfabriken bewiesen hat.

Erschreckend ist zusätzlich, daß sich die öffentliche Meinung in Deutschland, die vor Jahresfrist noch vom Widerspruch belebt war, verflacht hat. Wer nicht der Einheit sein Ja verpfändet, gilt als »out«. Einheitlicher Wille formiert sich. Sogar im intellektuellen Bereich ist die Tugend des Neinsagens zur Rarität verkommen. Einst sorgsam gepflegte Freiräume – Feuilleton genannt – sind zu Hinrichtungsstätten umfunktioniert worden. Kein Bild, das in der DDR oder – wie es pauschal heißt – in Unfreiheit gemalt wurde, soll fortan als Kunst gelten und in Museen gezeigt werden. Nur noch Westkunst über alles. Und als Christa Wolf auf den Richtplatz gezerrt wurde, sollte es nicht nur ihr an den Kragen gehen, sondern, genau gelesen, auch einem Gutteil der DDR-Literatur: Die Zeit der Nachsicht ist vorbei. Vom Bonus zum Malus. Was heißt hier »kulturelle Identität«! So was kommt weder im Staatsvertrag noch im Einigungsvertrag vor. Alles Schrott! heißt die gängige Diagnose. Euren Kulturbund und was es sonst noch gab, könnt ihr glatt vergessen.

Die deutsche Einheit hat sich der Methode Kahlschlag verschrieben. Wer als Maler, Schriftsteller, Musiker, als Theater- oder Filmregisseur, als Zirkusdirektor, Verlagslektor, Archivar oder Bibliothekar das Wagnis eingeht, ein wenig zu klagen, das Wort Verlust zu flüstern oder gar vor kultureller Kolonisierung zu warnen, der wird als wehleidig gescholten, der linken Spinnerei verdächtigt oder mit Ratschlägen dieser Art versorgt: Ihr müßt da raus aus der Jammerecke. Auf dem freien Markt behauptet sich nur, was sich durchsetzt. Auch in der Kunst zählt Leistung nur. Hat alles

seinen Preis. Habt ihr doch gewollt, diese Freiheit —
oder? Übertreibe ich?

Die bisherige Entwicklung im Prozeß deutscher
Markterweiterung hat bewiesen, daß meine ärgsten
Übertreibungen von der Wirklichkeit überboten worden sind. Ich erlaube mir, weiterhin schwarzzusehen.
Woher sollten auch aufhellende Grautöne kommen?
Jene linksliberale Widerstandskraft gegen staatliche
Anmaßung, Rechtsbruch und regierungsamtliche
Korruption, die sich in der Bundesrepublik seit Ende
der sechziger Jahre an dem von Jürgen Habermas
geprägten Begriff »Verfassungspatriotismus« orien-
tiert hat, ist mehr als geschwächt. Entsprechend
schwach erleben die Grünen und das Bündnis 90 die
späte Feier ihrer Vernunftehe. Allzu verliebt in basis-
demokratische Sandkastenspiele, war ihnen bisher
ihre Schwäche zugleich Beweis für fundamentale Ab-
scheu angesichts politischer Macht. Man war sich
genug.

Doch jetzt kommen härtere Tage; Glocken läuten sie
ein. Erfaßt sind alle Daten und fortan leicht zugäng-
lich dem gesamtdeutschen Mißbrauch. Den Rest be-
sorgt das Beamtenrecht: aus dem Diestel von heute
spricht schon der Diestel von morgen. Nun haben wir
sie, die Klassengesellschaft: sozial gespalten, ist den
Deutschen innerer Unfriede sicher. Noch bevor er sich
ausrief, brach schon der neue Staat das Grundgesetz

und verweigerte dem Volk eine Verfassung. Kein vielfältiger »Bund deutscher Länder«, dessen Bürger ich gern wäre, hat Zukunft; ein Monstrum will Großmacht sein. Dem sei mein Nein vor die Schwelle gelegt.

Oft mit Leidenschaft, kritisch zustimmend und während Jahrzehnten unverdrossen, so habe ich mich bis heute als Verfassungspatriot begriffen. In seiner Machtfülle wird der neue Staat einen solchen Patrioten kaum vermissen.

Rede im Reichstag am 2. Oktober 1990 vor den Fraktionen der Grünen und Bündnis 90

Quellennachweis

Kurze Rede eines vaterlandslosen Gesellen, zuerst in: Die Zeit, Hamburg, 9. Februar 1990; auch in: »*Nichts wird mehr so sein, wie es war*«. Zur Zukunft der beiden deutschen Republiken, Hg. Frank Blohm u. Wolfgang Herzberg, Frankfurt am Main 1990 (Sammlung Luchterhand 924).

Der Zug ist abgefahren – aber wohin?: Dieser Beitrag, ein offener Brief an Rudolf Augstein, erschien am 23. Februar 1990 in der tageszeitung, Berlin, mit einer Vorbemerkung, in der es unter anderem heißt: »Nachdem seine Tutzinger Rede gegen die Wiedervereinigung zunächst von der Redaktion des Hamburger Blattes angefordert, dann doch nicht gedruckt worden war, beschwerte sich Grass bei Augstein im Anschluß an ein Streitgespräch fürs Fernsehen persönlich über die mangelnde Diskussionskultur des Hamburger Magazins. Augstein versprach Besserung. Grass nahm den Herausgeber beim Wort – erfolglos. Sein im folgenden dokumentierter kurzer Text erschien wiederum nicht im ›Spiegel‹! Grund: Der Schriftsteller hatte sich geweigert, der Aufforderung der Redaktion nachzukommen, den Satzteil zu streichen, wonach in Sachen Wiedervereinigung ›Spiegel‹, ›FAZ‹ und ›Bild‹-Zeitung ›auf regierungsamtliche Linie, das heißt, in Einklang‹ gebracht werden.«

Einige Ausblicke vom Platz der Angeschmierten, zuerst in: Die Zeit, Hamburg, 11. Mai 1990, unter dem Titel *Was rede ich. Wer hört noch zu.*

Bericht aus Altdöbern, zuerst in: Frankfurter Rundschau, 30. Juni 1990.

Ein Schnäppchen namens DDR, zuerst in: Die Zeit, Hamburg, 5. Oktober 1990.

Günter Grass
Mein Jahrhundert

Mein Jahrhundert ist ein Geschichtenbuch. Zu jedem Jahr unseres zu Ende gehenden Jahrhunderts wird, aus jedesmal wechselnder Perspektive, eine Geschichte erzählt – einhundert Erzählungen, die ein farbiges Porträt unseres an Großartigkeiten und Schrecknissen reichen Jahrhunderts ergeben.

Die verschiedenen Menschen, denen Günter Grass hier seine Stimme leiht, sind Männer und Frauen aus allen Schichten, alte und junge, linke und rechte, konservative und fortschrittliche. Wie unterschiedlich sie alle auch sind, es verbindet sie, daß sie nicht zu den Großen dieser Welt gehören, nicht zu denen, die Geschichte machen, sondern zu denen, die als Zeugen Geschichte erleben und erleiden.

Das Lesebuch:
384 Seiten, in Leinen gebunden
farbiger Schutzumschlag, DM 48,00

Das Bilderbuch mit Aquarellen von Günter Grass:
416 Seiten, 24 x 31 cm, in Leinen gebunden
durchgehend farbiger Druck
farbiger Schutzumschlag, DM 98,00

Steidl Verlag · Düstere Str. 4 · D-37073 Göttingen

Günter Grass im dtv

»Günter Grass ist der originellste und
vielseitigste lebende Autor.«
John Irving

Die Blechtrommel
Roman · dtv 11821

Katz und Maus
Eine Novelle · dtv 11822

Hundejahre
Roman · dtv 11823

Der Butt
Roman · dtv 11824

**Ein Schnäppchen
namens DDR**
Letzte Reden vorm
Glockengeläut
dtv 11825

Unkenrufe
Eine Erzählung
dtv 11846

**Angestiftet, Partei zu
ergreifen**
dtv 11938

Das Treffen in Telgte
dtv 11988

**Die Deutschen und
ihre Dichter**
dtv 12027

örtlich betäubt
Roman · dtv 12069

**Ach Butt, dein Märchen
geht böse aus**
Gedichte und
Radierungen
dtv 12148

**Der Schriftsteller als
Zeitgenosse**
dtv 12296

**Der Autor als
fragwürdiger Zeuge**
dtv 12446

Ein weites Feld
Roman
dtv 12447

Die Rättin
dtv 12528

**Mit Sophie in die Pilze
gegangen**
Gedichte und
Lithographien
dtv 19035

Volker Neuhaus
**Schreiben gegen die
verstreichende Zeit
Zu Leben und Werk von
Günter Grass**
dtv 12445